《健美操课程学生运动能力测评规范》

解读

于素梅　顾雪兰　唐红斌　等　编著

教育科学出版社
·北京·

主　编　于素梅　顾雪兰　唐红斌

副主编　司亚莉　马　建　关　焱　王逦丽

参　编　杨　静　黄　龙　李新浩　陈永生　火　玲　张玮怡　李萌萌　张记胜
　　　　王妙香　王英梅　王　宁

出 版 人　郑豪杰

项目统筹　梁祎明

责任编辑　李红蕾　李　楠

版式设计　思瑞博　王　辉　李　顺

责任校对　贾静芳

责任印制　叶小峰

图书在版编目（CIP）数据

《健美操课程学生运动能力测评规范》解读 /
于素梅等编著 . -- 北京：教育科学出版社，2025. 3.
（学生运动能力国家标准解读丛书）. -- ISBN 978-7
-5191-3214-9

　　Ⅰ . G831.3-65

中国国家版本馆 CIP 数据核字第 20257YW468 号

《健美操课程学生运动能力测评规范》解读
《 JIANMEICAO KECHENG XUESHENG YUNDONG NENGLI CEPING GUIFAN 》JIEDU

出版发行	教育科学出版社			
社　　址	北京·朝阳区安慧北里安园甲9号	邮　　编	100101	
总编室电话	010-64981290	编辑部电话	010-64989534	
出版部电话	010-64989487	市场部电话	010-64989035	
传　　真	010-64891796	网　　址	http://www.esph.com.cn	
经　　销	各地新华书店			
制　　作	北京思瑞博企业策划有限公司			
印　　刷	北京市大天乐投资管理有限公司			
开　　本	787毫米×1092毫米　1/16	版　　次	2025年3月第1版	
印　　张	7.25	印　　次	2025年3月第1次印刷	
字　　数	102千	定　　价	58.00元	

图书出现印装质量问题，本社负责调换。

前　言

随着教育强国、体育强国建设的不断推进，体育课程改革日益深化，体育育人目标也聚焦在以运动能力、健康行为和体育品德为表现的核心素养的培育上。建立标准，不仅能够及时测评学生运动能力，了解学生运动能力水平，衡量体育核心素养培育成效，也是落实中共中央办公厅、国务院办公厅《关于全面加强和改进新时代学校体育工作的意见》，国家体育总局、教育部《关于深化体教融合 促进青少年健康发展的意见》等的重要保障，并能为体育学业质量评价、体育教育质量监测、学生运动水平认证等提供直接依据。

为更好地贯彻落实《义务教育体育与健康课程标准（2022 年版）》和国家相关政策要求，依据新课标提出的"运动能力主要体现在基本运动技能、体能、专项运动技能的掌握与运用"和《〈体育与健康〉教学改革指导纲要（试行）》提出的"专项运动能力评价可依据专项运动技能学习结构化内容确定评价内容，特别要注重对学生运用知识的能力以及比赛能力的评价"，研制了《健美操课程学生运动能力测评规范》国家标准（以下简称"健美操标准"），以期为更规范、科学、系统地评价学生健美操运动能力提供可靠依据和可操作的方法，为促进学生体育核心素养的培育发挥支撑作用。

"健美操标准"于 2024 年 5 月 28 日，由国家市场监督管理总局、国家标准化管理委员会批准发布，为进一步促进该标准的推广和应用，更好地服务于体育教学改革、体育教育质量监测等教育教学与评价工作，标准研制团队又编写了《〈健美操课程学生运动能力测评规范〉解读》。本书深度解析标准研制依据，精准把握标准测评内容，生动展示标准测评方法，提供权威标准测评工具，可作为"健美操标准"培训权威指导用书。

于素梅

中国教育科学研究院体育美育教育研究所

目 录

第一章

《健美操课程学生运动能力测评规范》概述

一、基本内容

（一）标准的结构与主要内容

"健美操标准"从范围、规范性引用文件、术语和定义、等级划分与达标要求以及运动能力测评 5 个部分进行了描述。（表 1-1）

表 1-1 　《健美操课程学生运动能力测评规范》结构与主要内容

基本框架	规定内容	具体内容
范围	规定本标准的适用范围	适于于小学、初中、高中、大学各学段学生健美操运动能力的测评
规范性引用文件	标注本文件引用的规范性引用文件	本文件没有规范性引用文件
术语和定义	界定标准主要涉及的术语和定义（全文出现 2 次及以上）	17 条术语及其基本概念，包括健美操课程学生运动能力、操化动作、基本步伐、手臂动作、难度动作、过渡动作、连接动作、配合动作、同伴协作、套路动作、连续吸腿踢腿跳、直体跳 / 直体分腿跳、俯卧撑 / 跪姿俯卧撑、直体跳转 180°/360°、单足转体 180°、燕式平衡、团身跳
等级划分与达标要求	明确测评等级划分和各等级达标要求	1. 等级划分：6 个等级（一级到六级）； 2. 各等级达标要求：测评内容、观测点、合格要求、达标要求
运动能力测评	规定各等级测评方法	各等级测评场地器材、测评员工作要求、受测者测试步骤

（二）术语和定义

3 　术语和定义

下列术语和定义适用于本文件。

3.1

健美操课程学生运动能力　student's athletic ability of aerobics course

学生在健美操课程学练赛活动中形成的,跟随音乐应用操化动作和技巧动作在展示或比赛中完成特定任务的综合表现。

3.2

操化动作　aerobic movement pattern

健美操基本步伐与手臂动作的结合,在音乐伴奏下,创造出动感的、有节奏的、连续的并包含高低不同强度的一连串动作。

3.3

基本步伐　basic step

在特定节奏下各种走、跑、跳及舞步的运动方法。

3.4

手臂动作　arm movements

运用多种手臂的对称和不对称以及有节奏变化的举、摆动、绕和绕环动作,以正确的表现形式展示从一个位置到另一个位置的轨迹。

3.5

难度动作　difficulty elements

需要较高技术水平和身体素质完成的体现力量、柔韧、跳跃、支撑、平衡、转体等类型的动作。

注:难度动作包含地面、站立和空中 3 组,分值为 0.1~1.0。

3.6

过渡动作　transition

体现空间(地面、站立和空中)转换的一类动作。

3.7

连接动作　linking

不同类型动作之间没有空间变换的衔接动作。

3.8

配合动作　collaboration

做动作时个人或团队间的相互关系,以及在队形变化中的身体互动。

3.9

同伴协作　lift

团队间将一人或多人以举、抬、抱、支撑或借助于外力离开地面并展示一定身体姿态的过程。

3.10

套路动作　composition

伴随音乐将操化动作和主体内容等通过创编巧妙组合在一起,并在特定时间内完成的连串动作。

3.11

连续吸腿踢腿跳　high kick

动力腿连续完成一次吸腿一次踢腿,同时支撑腿原地小跳的动作。

3.12

直体跳/直体分腿跳　straight jump

双脚起跳,空中成并腿竖直/分腿竖直姿态,双脚并拢稳定落地的动作。

注:空中能增加转体动作,稳定落地。

3.13

俯卧撑/跪姿俯卧撑　push-up

双腿/双膝并拢,前脚掌/双膝着地,双手支撑略比肩宽,身体俯卧并保持固定伸直姿态,双臂屈臂成卧撑再推起成俯撑的动作。

3.14

直体跳转 180°/360°　air turn（180°/360°）

双脚蹬地,协调手臂起跳,直体在空中沿垂直轴转体 180°/360° 后双脚并拢稳定落地的动作。

3.15

单足转体 180°　turn（180°）

单足前脚掌支撑保持身体平衡向支撑腿的方向转体 180°,自由腿吸腿或举腿等姿态。

3.16

燕式平衡　swallow balance

支撑腿站立,身体前倾至水平,自由腿后举与身体平直,两臂侧平举的身体姿势。

3.17

团身跳　tuck jump

双脚起跳,双膝并拢弯曲,抬起贴近胸部,双脚落地并屈膝缓冲的动作。

解 读

　　"健美操标准"对上述术语做出了准确的界定,旨在更好地描述和评估学生在健美操课程学、练、赛活动中形成的运动能力。这些术语能够体现健美操运动的技术特征和表现形式,通过这些术语,可以更准确地描述健美操技术动作的要点,从而更好地评估学生的运动能力。术语适用于健美操课程学生运动能力 1 ~ 6 级的测评。

（三）等级划分与测评内容

　　健美操课程学生运动能力按照一级到六级能力进阶的考查要求,设计各等级对应的测评内容。（表 1-2）

表 1-2　健美操课程学生运动能力测评内容与能力要求

等级	测评内容		能力要求
	单个技能	套路（二选一）	
一级	连续 4 次吸腿跳	（1）《全国健美操大众锻炼标准第三套》(一级)（2）学生健美操一级推广套路	受测者达到一级应具有的柔韧性和跳跃能力,对操化动作的认知和记忆能力,以及配合音乐连贯完成动作的能力
	直体跳		

续表

等级	测评内容		能力要求
	单个技能	套路（二选一）	
二级	纵劈腿 直体分腿跳	（1）《全国健美操大众锻炼标准第三套》（二级） （2）学生健美操二级推广套路	受测者达到二级应具有的柔韧性、下肢爆发力和身体控制力，对健美操套路动作的理解能力和空间辨认能力，以及配合音乐准确连贯完成套路的能力
三级	跪姿俯卧撑 连续吸腿踢腿跳	（1）《全国健美操大众锻炼标准第三套》（三级） （2）学生健美操三级推广套路	受测者达到三级应具有的柔韧性、上肢力量、身体控制力和协调能力，以及配合音乐准确、熟练、协调完成动作的能力
四级	俯卧撑 直体跳转180°	（1）《全国健美操大众锻炼标准第三套》（四级） （2）学生健美操四级推广套路	受测者达到四级应具有的上肢力量、平衡控制和灵敏协调能力，配合音乐准确、熟练、协调、高质量完成动作的能力，以及健美操应有的艺术表现能力
五级	燕式平衡 团身跳	（1）《全国健美操大众锻炼标准第三套》（五级） （2）学生健美操五级推广套路	受测者达到五级应具有的平衡控制、力量、灵敏协调能力，个人套路具有在音乐配合下以健美操特有的表现形式准确、熟练、协调完成动作的能力，艺术表现能力和对风格的把控能力，集体套路在个人套路的基础上具有组织协调和团队协作能力
六级	单足转体180° 直体跳转360°	（1）《全国健美操大众锻炼标准第三套》（六级） （2）学生健美操六级推广套路	受测者达到六级应具有的平衡控制、灵敏协调、空间辨认能力，个人套路具有在音乐配合下以健美操特有的表现形式准确、熟练、协调完成动作的能力，艺术表现能力和对风格的把控能力，集体套路在个人套路的基础上具有组织协调和团队协作能力

一级测评包括连续4次吸腿跳、直体跳和一级套路3项测评内容，对受测者应具有的柔韧性和跳跃能力，对操化动作的认知和记忆能力，以及配合音乐连贯完成动作的能力进行考查。

二级测评包括纵劈腿、直体分腿跳和二级套路3项测评内容，对受测者应具有的柔韧性、下肢爆发力和身体控制力，对健美操套路动作的理解能力和空间辨认能力，以及配合音乐准确连贯完成套路动作的能力进行考查。

三级测评包括跪姿俯卧撑、连续吸腿踢腿跳和三级套路3项测评内容，对受测者应具有的柔韧性、上肢力量、身体控制和协调能力，以及配合音乐准确、熟练、协调完成动作的能力进行考查。

四级测评包括俯卧撑、直体跳转180°和四级套路3项测评内容，对受测者应具有上肢力量、平衡控制和灵敏协调能力，配合音乐准确、熟练、协调、高质量完成动作的能力，以及应有的艺术表现能力进行考查。

五级测评包括燕式平衡、团身跳和五级套路 3 项测评内容，对受测者应具有的平衡控制、力量、灵敏协调能力，个人套路具有在音乐配合下以健美操特有的表现形式准确、熟练、协调完成动作的能力，对艺术表现能力和对风格的把控能力，集体套路在个人套路的基础上具有的组织协调和团队协作能力进行考查。

六级测评包括单足转体 180°、直体跳转 360° 和六级套路 3 项测评内容，对受测者应具有的平衡控制、灵敏协调、空间辨认能力，个人套路具有在音乐配合下以健美操特有的表现形式准确、熟练、协调完成动作的能力，艺术表现能力和对风格的把控能力，集体套路在个人套路的基础上具有组织协调和团队协作的能力进行考查。

（四）场地器材

5.1　场地器材

测评场地、器材应按如下要求：

a) 场地：7 m×7 m～12 m×12 m 的健美操房、体育馆(木地板、弹性地板)或者空旷场地，边线用 5 cm 宽白色标志带标出，如图 1 所示；

b) 器材：音响和放音设备。

单位为米

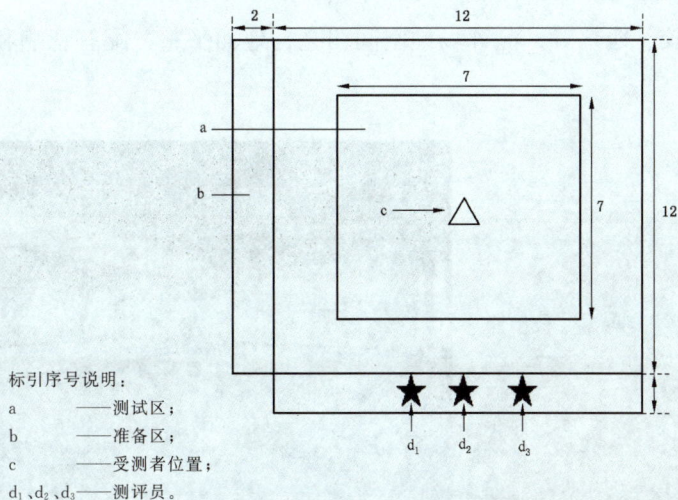

标引序号说明：

a —— 测试区；
b —— 准备区；
c —— 受测者位置；
d_1、d_2、d_3 —— 测评员。

图 1　健美操课程学生运动能力测试示意图

解 读

1 健美操比赛专用场地

健美操比赛场地是 12 m×12 m 的弹性木地板，并清楚地标出成年组和少年组所有项目场地，其中成年组部分项目场地尺寸是 10 m×10 m，少年组、国家预备组部分项目比赛场地是 7 m×7 m，标记带是场地的一部分。比赛场地若有变化，参照周期内规则执行。（图1-1）

图 1-1　健美操比赛专业场地

2 健美操教学练习场地

在条件允许的情况下可使用健美操比赛场地，也可以因地制宜开展测评工作。测评场地不小于 7 m×7 m，集体套路的测评场地为 12 m×12 m，场地地面可以是木地板、地毯、弹性地胶、地垫等，测评场地空间明亮，地面平整，配有音响和放音设备等。（图1-2）

图 1-2　健美操测评地面材质和场地

（五）测评员工作

5.2 测评员工作

测评工作应由 3 名测评员完成，测评员按如下开展测评工作：
a) 3 名测评员左右间隔 1 m 并排坐在场地的正前方；
b) 套路测评时，其中 1 名测评员播放音乐并进行测评；
c) 依据单个技能和套路的观测点对受测者完成情况进行测评；
d) 3 名测评员按照观测点合格要求，对受测者完成情况进行综合测评是否合格。

解 读

1 测评工作要求

测评工作由测评组设工作组和测评组共同完成。工作组有工作人员若干，负责测评场地的设施设备及测评报名工作，测评组由 3 名测评员组成，其中测评组长 1 人，测评员 2 人，测评员应符合下列条件之一：

（1）参加健美操课程运动能力标准测评员培训并合格者；

（2）具备健美操项目三级及以上等级裁判员资格者；

（3）具备健美操项目初级及以上等级教练员资格者；

（4）具备健美操项目三级及以上等级运动员资格者；

（5）大中小学专职体育教师；

（6）体育院校健美操项目毕业生。

2 测评工作流程

（1）测评前准备工作。

①至少提前一个月发布测评通知，确定测评时间、地点和要求。

②制作并下发测评报名表，明确提交报名表的时间和方式。

③根据报名情况编排出场顺序和测评日程，并于测评前 7 天通知受测者。

④准备测评所需要的器材设备和用具（音响、放音设备、电脑、摄录设备、桌椅文具等）。

⑤测评前一天组织召开测评工作会议，包括测评员、相关工作人员和场地负责人等，明确测评工作要求和分工。

⑥测评前一天布置场地，参照场地标准检查测评场地和设施设备，做好安全保障工作。

（2）测评中工作。

①测评员应钻研业务，精通测评内容、标准和方法，能够准确、公正地做出评判。

②每名测评员应依据观测点的合格要求进行独立测评。

③测评员对受测者实际完成情况做好记录并准确记录在测评表中。

④测评员按照规定要求统一着装，规范言行，举止文明。

（3）测评后工作。

①测评工作结束后，组织受测者安全有序离开。

②测评员对受测者的测试成绩汇总、统计，并给出测评结果。

③将测评结果录入测评系统，并在 24 小时内上报公布。

④清理测试场地，归还测试所需的设施设备。

⑤测评组在测评工作结束后及时总结，并在 3 个工作日内将测评工作总结交至工作组，总结需包含测评结果、测评中出现的问题、工作建议等。

3 测评安全工作要求

（1）测评单位应明确场地、器材设备、周边环境等安全责任，认真落实安全检查工作，排除安全隐患。

（2）制订测试工作安全预案、应急预案，确保测试工作顺利完成。

（3）认真了解受测者的健康状况，做好安全防范。在测试前组织和指导受测者做好充分的热身活动，规范执行测试流程和程序，对测试期间身体不适的受测者执行延期测试。

（4）其他安全应急工作可参照体育赛事活动安全应急工作相关文件执行。

二、使用建议

本标准适用于小学、初中、高中、大学各学段学生健美操运动能力的测评。本标准充分考虑体育教学、体育学业质量评价、体育教育质量监测等工作的使用需要，结合不同地区、不同学段的学校体育开展实际，综合考量"健美操标准"在全国的推行和实施难度，确保标准具备广泛的适用性。

（一）可应用于体育教学

"健美操标准"可应用于体育教学，从教学组织、教学设计、教学方法等方面入手，为学生提供更加科学化、个性化的教学服务，提高健美操课程的教学质量和效果，促进学生全面发展和健康成长。

❶ 教学组织

（1）选项走班

选项走班是一种灵活的教学组织形式，允许学生根据自己的兴趣、能力和需求选择适合自己的专项运动班级进行学习。在健美操课程中，教师可以结合"健美操标准"，设置不同教学难度的班级，以满足学生的个性化需求。教师可以根据标准中每个等级对应的健美操课程进行授课。学生可以根据标准对标自己的健美操运动能力等级，选择对应的班级上课，这样可以确保学生在适合自己的教学环境中学习健美操，从而提高学习效果。

（2）分层教学

分层教学是根据学生的实际情况，如技能水平和学习能力等，将学生分为不同的层次进行教学。在健美操课程中，教师可以结合"健美操标准"，将学生进行合理分层，如分为初级、中级和高级等不同层次。初级，学生可以从零基础开始，通过学习达到一级和二级水平；中级需要学生已经具备二级水平，可以开始学习三级对应的难度内容，直至达到四级水平；高级需要学生已经达到四级水平，通过学习可以向五级、六级水平发展。针对不同层次的学生，教师可以设置不同的教学目标、教学内容和教学方法。

2 教学设计

在教学中，结合"健美操标准"的教学理念，以促进学生全面发展为目标，以激发学生兴趣为引导，通过科学、系统的教学设计，提升学生的健美操运动能力，促进学生身心健康发展。健美操课程教学设计主要包括模块教学设计、单元教学设计和课时教学设计三部分。

（1）健美操模块教学设计

健美操课程学生运动能力按难度逐级进阶设定了6个等级。与这6个等级相对应，将健美操项目教学内容分为六个模块，模块一和模块二为夯实基础期，对应运动能力的一级和二级；模块三和模块四为提高能力期，对应运动能力的三级和四级；模块五和模块六为发展特长期，对应运动能力的五级和六级。6个模块内容纵向衔接，层层递进。

在进行健美操项目模块教学设计时，教师还应考虑以下关键点：首先，根据学生的实际情况，挑选适合他们的模块进行教学；其次，重视阶段性评估，以便及时对教学方案进行反馈和调整；最后，确保健美操教学内容的全面性，根据学生的学习进度，合理安排每个模块的知识学习、技能练习、体能练习等。

（2）健美操单元教学设计

健美操单元教学设计遵循每个模块的教学框架，将模块内容划分为几个相互关联的大单元，并进一步将这些内容分配到每次课程的教学计划中。依据《义务教育体育与健康课程标准（2022年版）》中的"健康第一"和"教会、勤练、常赛"的课程理念，每个单元均设置学习内容、练习内容和比赛内容，确保各个单元的学习、练习和比赛内容能够有机地结合在一起。

在进行健美操单元教学设计时，教师需重点考虑以下方面：首先，依据教学对象和单元学习内容，合理安排总课时数，考虑到不同教学阶段和学生学习能力的差异，课时数量应做出适当调整；其次，确保每个课时的教学目标能够具体反映单元目标，且各课时目标之间应呈现逐步递进的关系；最后，应挑选恰当的教学组织形式和教学方法。

（3）健美操课时教学设计

健美操课时教学设计是在单元教学设计的基础上，结合学校的具体场地设施、器材资源以及班级学生的实际情况，对健美操教学中的各个要素进行详细规划和设计。其目的是构建一个融学习、练习、竞赛和评价于一体的健美操课程教学体系，从而形成一个完整的课堂教学实施方案。

在进行健美操课时教学设计时，需要特别关注以下几个关键要素：首先，应设定具体、可衡量的教学目标，并灵活运用多种教学手段和方法，以情境式深度教学的方式，激发学生的学习兴趣和参与热情。其次，应合理安排学生的运动负荷和练习密度，确保学生在安全的前提下，能够充分参与健美操学练，从而达到最佳的学练效果。最后，应注重课堂过程性评价，通过观察、记录和反馈，及时了解学生的学习进展和存在的问题，从而调整教学策略，帮助学生在健美操学练中不断进步和成长。

❸ 教学方法

教学中采用多样化的、适宜的教学方法可以帮助学生更好地发挥自己的优势，弥补自己的不足，提高学习效果。在健美操课程中，教师可以根据学生的身体状况、心理特征、兴趣爱好等方面的差异，采用不同的教学方法和手段进行教学。例如，对于身体素质较差的学生，教师可以采用渐进式的教学方法，逐步提高学生的身体素质；对于心理素质较差的学生，教师可以采用鼓励式的教学方法，帮助学生建立自信、提升勇气；对于兴趣浓厚的学生，教师可以采用拓展式的教学方法，引导学生深入学习和探索健美操的乐趣。基于学生的运动能力差异，健美操课程教学可以更有针对性地安排教学内容和练习方法，更加适宜每个学生的发展需求。

（二）可应用于体育中考

"健美操标准"应用于体育中考，可以优化考试方案、提升该项目体育中考的公平性、丰富体育中考的选择性。"健美操标准"不仅能够更好地评估学生的健美操运动能力，还能够促进健美操课程的普及和发展。

1 优化考试方案

对于将健美操列为中考项目的地区，"健美操标准"可用于优化考试方案，提升该项目体育中考的公平性。通过调整考试内容，确保其更准确地评估学生的健美操技能掌握情况和运动能力形成情况。

2 提升公平性

"健美操标准"的引入，有助于消除地域、学校之间的差异，确保所有学生在相同的标准下接受评价。这不仅能够增强考试的公正性和公平性，还能够促进各地、各学校之间健美操教学的交流与合作，以及比较不同区域间学生健美操运动能力的差异。

3 丰富选择性

将健美操测评纳入体育中考，可以为学生提供更多的选择机会。学生可以根据自己的兴趣和特长选择是否参加健美操考试，有助于促进学生的个性化和多元化发展。

（三）可应用于质量监测

"健美操标准"可应用于质量监测，为监测学生体能提供明确的指标，还能在此基础上增加对专项运动能力的监测，有助于提升教育质量，促进区域比较，并为教育决策提供可靠依据。

1 使体育教育质量监测更科学

通过这一标准，教师可以更加准确地评估学生的健美操运动能力，从而制订更有针对性的教学计划。同时，学生也能根据自己的实际情况，选择适合自己的学习内容和进度，提高学习效果。

❷ 全面评价学生健美操运动能力

在过去，体育教育往往只关注学生的体能水平，而忽视了专项运动能力。通过增加对专项运动能力的监测，我们可以更加全面地了解学生的健美操运动能力，从而更好地指导学生的学习和锻炼，促进学生健美操运动能力的提高。

❸ 促进区域比较

标准是全国统一的，不同地区、不同学校的学生都可以按照相同的标准进行测评。我们可以更加客观地比较不同地区、不同学校之间的健美操教育水平，有针对性地提出可行的解决方案。例如，统计各地区学习健美操的学生有多少达到了二级水平，各地区学习健美操并达到二级水平的学生占全体学生的比例等。通过达到不同等级的比例数据，就能够比较区域体育教育质量的差异。

❹ 为教育决策提供可靠依据

通过对学生健美操运动能力的科学评价，教师可以了解学生在健美操学习中的优势与不足，进而调整教学计划和策略，提高教育质量。同时，这一结果也可以作为教育评估的重要指标之一，为教育政策的制定和调整提供有力支持。

（四）可应用于督导评估

"健美操标准"的制定和实施，不仅能准确评估学生的健美操运动能力，还能有效反映学校体育发展的整体水平。对于督导评估学校体育发展水平以及推动健美操教育的质量提升具有重要意义。在学校体育督导评估指标体系中，可以将学生运动能力应达到的等级作为其中一项重要指标，使督导评估工作更加客观、精准，也更能反映学校体育发展水平。

① 课程建设

通过健美操课程学生运动能力测评，可以检验健美操课程的教学内容、教学方法是否科学合理，能否满足学生的实际需求，进而推动健美操课程建设的不断完善和优化。

② 师资强化

健美操课程学生运动能力测评的结果可以反映教师的教学水平和专业能力。通过对测试结果的分析，可以发现教师在教学中的优势和不足，进而有针对性地开展培训，提升教师专业能力。

③ 学生参与

健美操课程学生运动能力测评可以激发学生参与健美操运动的兴趣。通过参与测试，学生可以了解自己的健美操运动能力，明确学习目标和方向。同时，测试结果也可以作为选拔优秀学生参加更高级别比赛或活动的重要依据。

④ 条件改善

健美操课程学生运动能力测评对场地、器材等设施条件提出了一定的要求，这有助于推动学校加大对体育设施建设的投入力度，改善体育教学条件，为学生提供更好的体育锻炼环境。

三、实施保障

(一) 规范测评方法

学生运动能力测评是一个复杂的过程，只有测评方法合理，测评结果的准确度才会有保障。第一，测评需要有专业的场地、器材，场地、器材既要符合测评相应等级的要求，也要与学生的年龄特点和发展实际相一致。第二，测评需要有专业的测评员，测评员不仅要懂得健美操各等级测评内容、达标要求、测评步骤等，还要具有公平、公正的测评专业素养，这是测评工作能够合理、有序开展的重要保障。第三，测评手段要多元化，从人工到智能的方式逐渐过渡，最终采用智能的方式测评学生的运动能力发展水平。在初期智能测评工具开发尚不完善的时候，可以通过人工测评的方式实施测评工作。随着智能测评工具的不断开发和完善，智能测评应逐渐渗透其中。智能测评不仅能够在一定程度上减轻人工测评的负担、降低组织测评工作的复杂性，还能够提升测评的客观性和精准度，并通过大数据对测评结果做及时反馈，同时大大提高运动能力标准的普及程度和应用范围。

(二) 加强培训

为了确保"健美操标准"在全国范围内有效推广和应用，提升健美操课程教学质量和测评教师的专业素养，需要加强测评教师的培训工作。在培训目标方面，要让教师深入理解"健美操标准"的核心理念和测评要求，掌握健美操课程学生运动能力测评的具体方法和技巧，提升测评教师的专业素养和教学能力，确保测评工作的准确性和公正性。在培训内容方面，可以采用理论与实践相结合的形式，将标准培训与教学改革相结合，让教师了解"健美操标准"建设的要求，加强测评工作的规范性，交流学习如何通过教学让学生达到相应的运动能力等级。在培训形式方面，可以采用线上线下相结合的方式。线上培训可依靠数智赋能，提供线上视频教程、在线答疑等服务，方便教师随时随地进行学习；线下培训可组织集中培训，邀请专家授课和现场指导，确保教师能够全面掌握测评技能和教学方法。总之，通过"健美操标准"的培训，能够提升测评教师的专业素养和教学能力，为"健美操标准"的推广和应用奠定坚实基础。

(三) 开展试点

试点工作开展前，项目组核心成员需要制定规范的测评员培训和考核办法，在测评员了解"健美操标准"的测评流程和评定办法的前提下开展测评工作。试点工作的实施，第一是确立试点区和试点校。可以在前期已经确立的试点区和试点校中开展试点工作，也可以在后续征集试点区和试点校的活动中扩大试点范围，其目的是能够让更多的区域和学校会用标准、用好标准，使标准更好地服务于学生的全面发展，促进学校体育高质量发展。第二是研制试点工作方案，包括教学改革试点工作方案、质量监测试点工作方案、体育中考试点工作方案、督导评估试点工作方案等，有组织地开展试点工作才能更有成效，并通过方案实施获取有益经验。第三是组织开展试点工作实践，不同的试点区和试点校可以结合区域和学校实际情况选择一种或多种试点方案，组织开展试点工作，在试点工作实践中不断优化试点工作。第四是组织开展试点经验展示交流活动，让有经验的试点区和试点校作为示范典型在全国范围内宣传和推广，让其他地区和学校学习借鉴，使标准发挥更大的作用。

第二章

健美操课程学生运动能力一级测评

一、一级达标要求

4.2.1 一级达标要求

4.2.1.1 一级测评内容及要求应符合表 1 的要求。

表 1 一级测评内容及要求

测评内容		观测点	合格要求	
单个技能	连续 4 次吸腿跳	腿部动作	吸腿时,动力腿上抬至大腿平行于地面,小腿垂直于地面,绷脚尖,支撑腿原地小跳,落地时动力腿并与支撑腿同时小跳	4 个观测点都达到合格要求
		身体姿态	身体保持直立,收腹立腰	
		手臂姿态	两臂侧下举	
		动作过程	1 次吸腿跳为一个动作,左右腿交替做 4 次	
	直体跳	起跳	双腿并拢经屈膝半蹲后用力蹬地起跳,有腾空	4 个观测点都达到合格要求
		手臂动作	直臂体前交叉向外绕经侧平举摆动至侧上举,路线清晰流畅	
		空中姿态	双腿并拢伸直绷脚尖,身体成直体姿态	
		落地	双脚并拢稳定落地并屈膝缓冲	
套路（二选一）	1.《全国健美操大众锻炼标准第三套》(一级) 2. 学生健美操一级推广套路	熟练性	动作连贯,无间断、无漏做动作	主要错误不超过 10 次
		准确性	身体姿态舒展,动作技术正确	
		动作与音乐	动作与音乐节拍吻合、节奏准确	

4.2.1.2 单个技能所有观测点均应达到表 1 规定的合格要求,每名测评员均判定合格为达标。

4.2.1.3 套路中出现偏离正确的动作技术、身体姿态(5—8 拍),出现动作中断、漏做、停顿、失去节奏(5—8 拍)等主要错误不超过 10 次判定为合格,每名测评员均判定合格为达标。

解 读

　　健美操课程学生能力一级测评包含单个技能测评和套路测评两部分，单个技能测评分别是连续 4 次吸腿跳和直体跳，套路可在《全国健美操大众锻炼标准第三套》（一级）规定动作和学生健美操一级推广套路中任选一套，具体内容和要求如下。

1 单个技能

（1）连续 4 次吸腿跳

　　受测者身体直立，两臂侧下举；左腿上抬至大腿平行于地面，小腿垂直于地面并绷脚尖，同时右腿原地小跳，左腿落地时与右腿并腿同时小跳，1 次吸腿跳为一个动作，左右腿交替做 4 次，动作协调流畅。（图 2-1）

预备　　　　1　　　　　2　　　　　3　　　　　4

5　　　　　6　　　　　7　　　　　8

图 2-1　连续 4 次吸腿跳

（2）直体跳

　　受测者身体直立，双腿并拢；双臂体侧开始，双腿并拢，屈膝半蹲后用力蹬地向上起跳，同时双臂直臂体前交叉经侧平举向上挥摆至侧上举，空中身体成直立姿态，双腿并拢伸直，绷脚尖；落地时由前脚掌过渡到全脚掌并屈膝缓冲，两臂经侧

平举下落至侧下举，双腿并腿稳定落地后伸直成站立姿势，双臂收于体侧。（图 2-2 ）

预备　　　1　　　　　2　　　　　　3　　　　　4　　　　结束

图 2-2　直体跳

2 套路

受测者可在《全国健美操大众锻炼标准第三套》（一级）和学生健美操一级推广套路中任选一套，《全国健美操大众锻炼标准第三套》（一级）动作说明参见中国健美操协会审定版本。学生健美操一级推广套路动作说明参见《健美操课程学生运动能力测评规范》附录 B。一级套路有五个组合，每个组合 4 个八拍，其中一个组合为第二舞蹈风格，成套动作时间 1min/27 s，音乐节拍为 22 拍 /10 s。（图 2-3 至图 2-25 ）

学生健美操一级推广套路

预备　　　　　1　　　　　　2　　　　　　3

4　　　　　　5　　　　　6　　　　　7　　　　　8

图 2-3　开始动作第一个八拍

1　　　　2　　　　3　　　　4

5　　　　6　　　　7　　　　8

图 2-4　开始动作第二个八拍

1　　2　　3　　4　　5　　6　　7　　8

图 2-5　组合一第一个八拍

1　　2　　3　　4　　5　　6　　7　　8

图 2-6　组合一第二个八拍

| 1 | 2 | 3 | 4 | 5 | 6 | 7 | 8 |

图 2-7　组合一第三个八拍

| 1 | 2 | 3 | 4 | 5 | 6 | 7 | 8 |

图 2-8　组合一第四个八拍

| 1 | 2 | 3 | 4 | 5 | 6 | 7 | 8 |

图 2-9　组合二第一个八拍

| 1 | 2 | 3 | 4 | 5 | 6 | 7 | 8 |

图 2-10　组合二第二个八拍

图 2-11　组合二第三个八拍

图 2-12　组合二第四个八拍

图 2-13　组合三第一个八拍

5　　　　　　6　　　　　　7　　　　　　8

图 2-13　组合三第一个八拍（续）

1　　　　　　2　　　　　　3　　　　　　4

5　　　　　　6　　　　　　7　　　　　　8

图 2-14　组合三第二个八拍

1　　　　　　2　　　　　　3　　　　　　4

图 2-15　组合三第三个八拍

图 2-15　组合三第三个八拍（续）

图 2-16　组合三第四个八拍

图 2-17　组合四第一个八拍

1　　　　2　　　　3　　　　4

5　　　　6　　　　7　　　　8

图 2-18　组合四第二个八拍

1　　2　　3　　4　　5　　6　　7　　8

图 2-19　组合四第三个八拍

1　　　　2　　　　3　　　　4

图 2-20　组合四第四个八拍

25

5   6   7   8

图 2-20　组合四第四个八拍（续）

1   2   3   4   5   6   7   8

图 2-21　组合五第一个八拍

1   2   3   4

5   6   7   8

图 2-22　组合五第二个八拍

| 1 | 2 | 3 | 4 | 5 | 6 | 7 | 8 |

图 2-23　组合五第三个八拍

| 1 | 2 | 3 | 4 | 5 | 6 | 7 | 8 |

图 2-24　组合五第四个八拍

图 2-25　结束动作

二、一级测评方法

5.3.1　单个技能——连续 4 次吸腿跳

受测者测试步骤如下：

a)　受测者在准备区候场，经测评员同意后进入测试区，举手示意进入测试状态；

b)　听到测评员指令后，面对测评员两臂侧下举开始，做连续 4 次吸腿跳；

c) 测试结束后致谢退场。

每名受测者 1 次测试机会。

5.3.2 单个技能——直体跳

受测者测试步骤如下：

a) 受测者在准备区候场，经测评员同意后进入测试区，举手示意进入测试状态；

b) 听到测评员指令后，面对测评员站立姿势开始，完成一次直体跳动作；

c) 测试结束后致谢退场。

每名受测者 1 次测试机会。

5.3.3 一级套路

受测者可在《全国健美操大众锻炼标准第三套》（一级）和学生健美操一级推广套路中任选一套。

受测者测试步骤如下：

a) 受测者在准备区候场，经测评员同意后进入测试区，举手示意进入测试状态；

b) 听到测评员指令后，跟随音乐完成一级套路动作；

c) 选择《全国健美操大众锻炼标准第三套》（一级）应符合全国健美操大众锻炼标准第三套一级的规定；

d) 选择学生健美操一级推广套路应符合附录 B 的规定；

e) 测试结束后致谢退场。

每名受测者 1 次测试机会。

解 读

（一）按照先测评单个技能再测评套路的顺序进行，即先测评连续 4 次吸腿跳、直体跳，再测评一级套路。

（二）根据受测者人数和场地条件分组测评，每组受测者 3 ～ 6 人。

（三）测评员可根据实际受测者人数，对 1 人或者多人同时进行测评，每名测评员最多同时测评 6 人。

（四）每名测评员应依据观测点的合格要求进行独立测评，在套路动作测评中对出现 1 ～ 4 拍以内的错误动作（中断、漏做、停顿、失去节奏、僵硬、附加多余动作等）不计入主要错误次数。

（五）对受测者在完成套路动作过程中同时出现的不同错误计为 1 次，如动作中断 6 拍同时存在漏做和失去节奏 6 拍，此时只计为 1 次主要错误。

三、一级测评工具

一级测评工具表如表 2-1 至表 2-2 所示。

表 2-1　一级测评记录表

序号	姓名	单个技能										套路				
		连续 4 次吸腿跳观测点				合格情况	直体跳观测点				合格情况	熟练性、准确性、动作与音乐	累计错误次数	合格情况	达标情况	
		腿部动作	身体姿态	手臂姿态	动作过程		起跳	手臂动作	空中姿态	落地		5～8 拍以上错误				
1	×××	√	√	√	√	不合格 □ 合格 ☑	√	√	√	√	不合格 □ 合格 ☑	√√√√√√√√	8	不合格 □ 合格 ☑	不达标 □ 达标 ☑	
测评员：							测评时间：　　　年　　月　　日									

表 2-2　一级测评达标记录表

序号	姓名	测评员			测评结果	备注
		测评员 1	测评员 2	测评员 3		
1	×××	达标 ☑ 不达标 □	达标 ☑ 不达标 □	达标 ☑ 不达标 □	达标 ☑ 不达标 □	
测评组长：				测评时间：　　　年　　月　　日		

四、一级测评操作视频

一级测评操作视频

第三章

健美操课程学生运动能力二级测评

一、二级达标要求

4.2.2 二级达标要求

4.2.2.1 二级测评内容及要求应符合表2的要求。

表2 二级测评内容及要求

测评内容		观测点	合格要求	
单个技能	纵劈腿	腿部姿态	两腿前后分开一直线,开度≥150°,膝关节伸直绷脚尖	4个观测点都达到合格要求
		手臂姿态	直臂在体侧指尖轻触地	
		身体姿态	上体保持直立不前倾或侧倾	
		动作过程	动作保持2 s	
	直体分腿跳	起跳	双腿并拢经屈膝半蹲后用力蹬地向上垂直起跳,有腾空	4个观测点都达到合格要求
		手臂动作	直臂体前交叉向外绕经侧平举摆动至侧上举,路线清晰流畅	
		空中姿态	空中身体成直体姿态,两腿伸直绷脚尖,两腿夹角60°~90°	
		落地	双脚并拢稳定落地,屈膝缓冲	
套路（二选一）	1.《全国健美操大众锻炼标准第三套》(二级) 2.学生健美操二级推广套路	熟练性	动作清晰连贯,无间断、无漏做动作	主要错误不超过10次
		准确性	身体姿态和动作技术正确,动作面向和范围准确	
		协调性	动作连贯流畅、轻松自然	
		动作与音乐	动作与音乐节拍吻合、节奏清晰准确	

4.2.2.2 单个技能所有观测点均应达到表2规定的合格要求,每名测评员均判定合格为达标。

4.2.2.3 套路中出现偏离正确的动作技术、身体姿态(5—8拍),出现动作中断、漏做、停顿、失去节奏(5—8拍)等主要错误不超过10次判定为合格,每名测评员均判定合格为达标。

解 读

　　健美操课程学生能力二级测评包含单个技能测评和套路测评两部分，单个技能分别是纵劈腿和直体分腿跳，套路在《全国健美操大众锻炼标准第三套》（二级）和学生健美操二级推广套路中任选一套，具体内容和要求如下。

❶ 单个技能

（1）纵劈腿

　　受测者身体直立，双腿并拢；双腿由前后开立姿势下滑至180°，身体和肩摆正，后腿膝盖和脚背贴紧地面，前腿臀部与后腿胯跟贴紧地面，前腿膝盖向上，后腿膝盖向下，动作保持2 s后起身成开始准备姿势。（图3–1）

预备　　　　　　　　侧面　　　　　　　　正面

图3–1　纵劈腿

（2）直体分腿跳

　　受测者身体直立，双腿并拢；双腿并拢经屈膝半蹲后用力蹬地向上起跳，同时双臂直臂体前交叉经侧平举向上挥摆至侧上举，空中身体成直立姿态，双腿分开伸直并绷脚尖，两腿之间夹角为60°～90°，落地时由前脚掌过渡到全脚掌落地并屈膝缓冲，两臂经侧平举下落至侧下举，双腿并腿稳定落地后伸直成直立姿势，两臂收于体侧。（图3–2）

图 3-2　直体分腿跳

② 套路

受测者可在《全国健美操大众锻炼标准第三套》（二级）和学生健美操二级推广套路中任选一套，《全国健美操大众锻炼标准第三套》（二级）动作说明参见中国健美操协会审定版本。学生健美操二级推广套路动作说明参见《健美操课程学生运动能力测评规范》附录 C。二级套路有五个组合，每个组合 4 个八拍，其中一个组合为第二舞蹈风格，成套动作时间 1min/30 s，音乐节拍为 22 拍 /10 s（图 3-3 至图 3-25）。

学生健美操二级推广套路

第一个八拍1-4　　5-8　　第二个八拍1-4　　5-8

图 3-3　开始动作

1　　2　　3　　4　　5　　6　　7　　8

图 3-4　组合一第一个八拍

1 2 3 4

5 6 7 8

图 3-5 组合一第二个八拍

1 2 3 4 5 6 7 8

图 3-6 组合一第三个八拍

1 2 3 4 5 6 7 8

图 3-7 组合一第四个八拍

1　　　　哒　　　　2　　　　3

4　　　　5　　　　6　　　　7　　　　8

图 3-8　组合二第一个八拍

1　　　　2　　　　3　　　　4

5　　　　6　　　　7　　　　8

图 3-9　组合二第二个八拍

1　2　3　4　5-1

5-2　6　7-1　7-2　8

图 3-10　组合二第三个八拍

1　2　3　4

5　6　7　8

图 3-11　组合二第四个八拍

1　　　　　2　　　　　3　　　　　4

图 3-12　组合三前奏

1　　　　　2　　　　　3　　　　　4

5　　　　　6　　　　　7　　　　哒　　　　8

图 3-13　组合三第一个八拍

1　　　　　2　　　　　3　　　　　4

图 3-14　组合三第二个八拍

5　　　　　　6　　　　　　7　　　　　　哒　　　　　　8

图 3-14　组合三第二个八拍（续）

1　　　　　　2　　　　　　3　　　　　　4

5　　　　　　6　　　　　　7　　　　　　8

图 3-15　组合三第三个八拍

1　　　　　　哒　　　　　　2　　　　　　3

图 3-16　组合三第四个八拍

4　　　　　5　　　　　6　　　　　7　　　　　8

图 3-16　组合三第四个八拍（续）

1　　2　　3　　4　　　5　　　6　　7　　8

图 3-17　组合四第一个八拍

1　　2　　3　　4　　　5　　　　6　　　7　　8

图 3-18　组合四第二个八拍

1　　　　　2　　　　　3　　　　　4

图 3-19　组合四第三个八拍

图 3-19　组合四第三个八拍（续）

图 3-20　组合四第四个八拍

图 3-21　组合五第一个八拍

5　　　　　　　6　　　　　　　7　　　　　　　8

图 3-21　组合五第一个八拍（续）

1　　　　　　　2　　　　　　　3　　　　　　　4

5　　　　　6　　　　　7　　　　　哒　　　　　8

图 3-22　组合五第二个八拍

1　　　　　　　2　　　　　　　3　　　　　　　4

图 3-23　组合五第三个八拍

5   6   7   8

图 3-23   组合五第三个八拍（续）

1   2   3   4   5   6   7   8

图 3-24   组合五第四个八拍

1-2   3-4   5-6   7-8

图 3-25   结束动作

二、二级测评方法

5.4.1   单个技能——纵劈腿

受测者测试步骤如下：

a)   受测者在准备区候场，经测评员同意后进入测试区，举手示意进入测试状态；

b)   听到测评员指令后，侧对测评员完成单侧纵劈腿动作；

c)   测试结束后致谢退场。

每名受测者 1 次测试机会。

5.4.2　单个技能——直体分腿跳

受测者测试步骤如下：

a) 受测者在准备区候场，经测评员同意后进入测试区，举手示意进入测试状态；

b) 听到测评员指令后，面对测评员站立姿势开始，完成一次直体分腿跳动作；

c) 测试结束后致谢退场。

每名受测者1次测试机会。

5.4.3　二级套路

受测者可在《全国健美操大众锻炼标准第三套》(二级)和学生健美操二级推广套路中任选一套。

受测者测试步骤如下：

a) 受测者在准备区候场，经测评员同意后进入测试区，举手示意进入测试状态；

b) 听到测评员指令后，跟随音乐完成二级套路动作；

c) 选择《全国健美操大众锻炼标准第三套》(二级)应符合全国健美操大众锻炼标准第三套二级的规定；

d) 选择学生健美操二级推广套路应符合附录C的规定；

e) 测试结束后致谢退场。

每名受测者1次测试机会。

解 读

（一）按照先测评单个技能再测评套路的顺序进行，即先测评纵劈腿、直体分腿跳，再测评二级套路。

（二）根据受测者人数和场地条件分组测评，每组受测者3～6人。

（三）测评员可根据实际受测者人数，对1人或者多人同时进行测评，单个技能每名测评员最多同时测评3人，套路动作每名测评员同时对1～3名受测者进行测评。

（四）每名测评员应依据观测点的合格要求进行独立测评，在套路动作测评中对出现1～4拍以内的错误动作（中断、漏做、停顿、失去节奏、僵硬、附加多余动作等）不计入主要错误次数。

（五）对受测者在完成套路动作过程中同时出现的不同错误计为1次，如动作中断6拍同时会存在漏做和失去节奏6拍，此时只计为1次主要错误。

三、二级测评工具

二级测评工具如表 3-1 至表 3-2 所示。

表 3-1　二级测评记录表

序号	姓名	单个技能										套路动作				
		纵劈腿观测点				合格情况	直体分腿跳观测点				合格情况	熟练性、准确性、协调性、动作与音乐	累计错误次数	合格情况	达标情况
		腿部姿态	手臂姿态	身体姿态	动作过程		起跳	手臂动作	空中姿态	落地		5～8 拍以上错误			
1	×××	√	√	√	√	不合格 □ 合格 ☑	√	√	√	√	不合格 □ 合格 ☑	√√√√√	6	不合格 □ 合格 ☑	不达标 □ 达标 ☑

测评员：　　　　　　　　　　　　　　　测评时间：　　　年　　月　　日

表 3-2　二级测评达标记录表

序号	姓名	测评员			测评结果	备注
		测评员 1	测评员 2	测评员 3		
1	×××	达标 ☑ 不达标 □	达标 ☑ 不达标 □	达标 ☑ 不达标 □	达标 ☑ 不达标 □	

测评组长：　　　　　　　　　　　　　　测评时间：　　　年　　月　　日

四、二级测评操作视频

二级测评操作视频

第四章

健美操课程学生运动能力三级测评

一、三级达标要求

4.2.3 三级达标要求

4.2.3.1 三级测评内容及要求应符合表3的要求。

表 3　三级测评内容及要求

测评内容		观测点	合格要求	
单个技能	跪姿俯卧撑	手和手臂	五指张开,指尖向前,卧撑时,肩与肘同高;俯撑时,双臂伸直	4个观测点都达到合格要求
		身体姿态	颈、肩、背、大腿成一直线	
		腿部姿态	双腿并拢膝关节前部着地,小腿并拢弯曲抬起90°,绷脚尖	
		动作过程	由跪姿俯撑开始,下降到卧撑后双臂同时推起成俯撑完成1次。卧撑时,胸口离地面10 cm以下,俯撑推起后,肩、肘、腕成一垂直线	
	连续吸腿踢腿跳	腿部动作	吸腿时,动力腿大腿平行于地面,小腿垂直于地面,绷脚尖;踢腿时,动力腿伸直快速向上踢腿至120°以上,吸腿和踢腿落地同时并腿小跳	4个观测点都达到合格要求
		手臂动作	双臂保持侧下举	
		身体姿态	身体保持直立	
		动作过程	1次吸腿跳1次踢腿跳为一个动作,左右腿交替各做1个	
套路(二选一)	1.《全国健美操大众锻炼标准第三套》(三级) 2.学生健美操三级推广套路	熟练性	动作清晰连贯,无间断、无停顿、无漏做动作	主要错误不超过8次
		准确性	身体姿态和动作技术正确有力度,动作面向、范围和空间准确	
		协调性	全身协调运动有弹性,动作轻松流畅有控制	
		艺术表现力	动作完成优美大方,自信有感染力	
		动作与音乐	动作与音乐节拍吻合、节奏清晰准确	

4.2.3.2 单个技能所有观测点均应达到表3规定的合格要求,每名测评员均判定合格为达标。

4.2.3.3 套路中出现偏离正确的动作技术、身体姿态和艺术表现力(5—8拍),出现动作中断、漏做、停顿、失去节奏、僵硬(5—8拍)等主要错误不超过8次判定为合格,每名测评员均判定合格为达标。

解 读

健美操课程学生能力三级测评包含单个技能测评和套路测评两部分，单个技能分别是跪姿俯卧撑和连续吸腿踢腿跳，套路可在《全国健美操大众锻炼标准第三套》（三级）规定动作和学生健美操三级推广套路中任选一套，具体内容和要求如下。

1 单个技能

（1）跪姿俯卧撑

受测者身体直立，两臂侧下举；双腿并拢，膝关节前部着地，小腿并拢弯曲抬起 90°，绷脚尖，两手五指张开，指尖向前，成跪姿俯撑，当下降到卧撑后双臂再同时推起成俯撑完成 1 次，卧撑时，胸口离地面不超过 10 cm，俯撑推起后双臂伸直，肩、肘、腕成一垂直线，卧撑时肩与肘同高。（图 4-1）

| 预备 | 1-2 | 3-4 | 站立结束 |

图 4-1　跪姿俯卧撑

（2）连续吸腿踢腿跳

受测者身体直立，两臂侧下举；吸腿时，左腿上抬至大腿与地面平行，小腿自然下垂，与大腿成 90°，脚尖绷直，右腿原地小跳，踢腿时，左腿伸直快速向上踢腿至 120° 以上，脚尖绷直，右腿原地小跳，吸腿和踢腿落地同时并腿小跳，1 次吸腿跳和 1 次踢腿跳为一个动作，左右腿交替各做 1 个，上体始终保持直立。（图 4-2）

图 4-2　连续吸腿踢腿跳

② 套路

受测者可在《全国健美操大众锻炼标准第三套》（三级）和学生健美操三级推广套路中任选一套，《全国健美操大众锻炼标准第三套》（三级）动作说明参见中国健美操协会审定版本。学生健美操三级推广套路动作说明参见《健美操课程学生运动能力测评规范》附录 D。三级套路有六个组合，每个组合 4 个八拍，其中一个组合为第二舞蹈风格，成套动作时间 1min/40 s，音乐节拍为 24 拍 /10 s。（图 4-3 至图 4-30）

学生健美操三级推广套路

开始动作第一个八拍：站立。第二个八拍见图 4-3。

图 4-3　开始动作第二个八拍

5　　　　　　6　　　　　　7　　　　　　8

图 4-3　开始动作第二个八拍（续）

1　　　　　　2　　　　　　3　　　　　　4

5　　　　　　6　　　　　　7　　　　　　8

图 4-4　组合一第一个八拍

1　　　　　　2　　　　　　3　　　　　　4

图 4-5　组合一第二个八拍

5　　　　　　6　　　　　　7　　　　　　8

图 4-5　组合一第二个八拍（续）

1　　　　　　2　　　　　　3　　　　　　4

5　　　　　　6　　　　　　7　　　　　　8

图 4-6　组合一第三个八拍

1　　　2　　　3　　　4　　　5　　　6　　　7　　　8

图 4-7　组合一第四个八拍

1–4 哒   1   2   3   4

5   6   7   8

图 4-8　组合二第一个八拍

1   2   3   4   1–4 哒

5   6   7   8

图 4-9　组合二第二个八拍

1　　　　　　2　　　　　　3　　　　　　4

5　　　　　　6　　　　　　7　　　　　　8

图 4-10　组合二第三个八拍

1　　　　　　2　　　　　　3　　　　　　4

5　　　　　　6　　　　　　7　　　　　　8

图 4-11　组合二第四个八拍

图 4-12　组合三过渡动作

图 4-13　组合三第一个八拍

图 4-14　组合三第二个八拍

5　　　　　6　　　　　7　　　　　哒　　　　　8

图 4-14　组合三第二个八拍（续）

1　　　　　2　　　　　3　　　　　4

5　　　　　6　　　　　7　　　　　哒　　　　　8

图 4-15　组合三第三个八拍

1　　　　　2　　　　　3　　　　　4

图 4-16　组合三第四个八拍

5　　　　　　6　　　　　　7　　　　　　8

图 4-16　组合三第四个八拍（续）

1　　　　　　2　　　　　　3　　　　　　4

5　　　　　　6　　　　　　7　　　　　　8

图 4-17　组合四第一个八拍

1　　　　　　2　　　　　　3　　　　　　4

图 4-18　组合四第二个八拍

| 5 | 6 | 7 | 8 |

图 4-18　组合四第二个八拍（续）

| 1 | 2 | 3 | 4 |

| 5 | 6 | 7 | 8 |

图 4-19　组合四第三个八拍

| 1 | 2 | 3 | 4 |

图 4-20　组合四第四个八拍

5 6 7 8

图 4-20 组合四第四个八拍（续）

1 2 3 4

5 6 7 8

图 4-21 组合五第一个八拍

1 2 3 4

图 4-22 组合五第二个八拍

5　　　　　　　　6　　　　　　　　7　　　　　　　　8

图 4-22　组合五第二个八拍（续）

1　　　　　　　　2　　　　　　　　3　　　　　　　　4

5　　　　　　　　6　　　　　　　　7　　　　　　　　8

图 4-23　组合五第三个八拍

1-1　　　　　1-2　　　　　2　　　　　3-1　　　　　3-2

图 4-24　组合五第四个八拍

4 5 6 7 8

图 4-24 组合五第四个八拍（续）

1 2 3 4 5 6 7 8

图 4-25 过渡动作

1 2 3 4 5-8 哒

5 6 7 8

图 4-26 组合六第一个八拍

图 4-27　组合六第二个八拍

图 4-28　组合六第三个八拍

1　　　　2　　　　3　　　　4

5　　　　6　　　　7　　　　8

图 4-29　组合六第四个八拍

1　　　　　2　　　　　3

图 4-30　结束动作

二、三级测评方法

5.5.1　单个技能——跪姿俯卧撑

受测者测试步骤如下：

a)　受测者在准备区候场，经测评员同意后进入测试区，举手示意进入测试状态；

b) 听到测评员指令后,侧对测评员完成一次跪姿俯卧撑;

c) 测试结束后致谢退场。

每名受测者 1 次测试机会。

5.5.2 单个技能——连续吸腿踢腿跳

受测者测试步骤如下:

a) 受测者在准备区候场,经测评员同意后进入测试区,举手示意进入测试状态;

b) 听到测评员指令后,面对测评员两臂侧下举完成连续吸腿踢腿跳;

c) 测试结束后致谢退场。

每名受测者 1 次测试机会。

5.5.3 三级套路

受测者可在《全国健美操大众锻炼标准第三套》(三级)和学生健美操三级推广套路中任选一套。

受测者测试步骤如下:

a) 受测者在准备区候场,经测评员同意后进入测试区,举手示意进入测试状态;

b) 听到测评员指令后,跟随音乐完成三级套路动作;

c) 选择《全国健美操大众锻炼标准第三套》(三级)应符合全国健美操大众锻炼标准第三套三级的规定;

d) 选择学生健美操三级推广套路应符合附录 D 的规定;

e) 测试结束后致谢退场。

每名受测者 1 次测试机会。

解 读

(一)按照先测评单个技能再测评套路的顺序进行,即先测评跪姿俯卧撑、连续吸腿踢腿跳,再测评三级套路。

(二)根据受测者人数和场地条件分组测评,每组受测者 3 ~ 6 人。

(三)测评员可根据实际受测者人数,对 1 人或者多人同时进行测评,单个技能每名测评员最多同时测评 3 人,套路动作每名测评员同时对 1 ~ 3 名受测者进行测评。

(四)每名测评员应依据观测点的合格要求进行独立测评,在套路动作测评中对出现 1 ~ 4 拍以内的错误动作(中断、漏做、停顿、失去节奏、僵硬、附加多余动作等)不计入主要错误次数。

(五)对受测者在完成套路动作过程中同时出现的不同错误计为 1 次,如动作中断 6 拍同时存在漏做和失去节奏 6 拍,此时只计为 1 次主要错误。

三、三级测评工具

三级测评工具如表4-1至表4-2所示。

表4-1　三级测评记录表

序号	姓名	单个技能										套路动作								达标情况
		跪姿俯卧撑观测点				合格情况	连续吸腿踢腿跳观测点				合格情况	熟练性、准确性、协调性、艺术表现力、动作与音乐							累计错误次数	合格情况	
		手和手臂	身体姿态	腿部姿态	动作过程		腿部动作	手臂动作	身体姿态	动作过程		5～8拍以上错误									
1	×× ×	√	√	√	√	不合格 □　合格 ☑	√	√	√	√	不合格 □　合格 ☑	√	√	√	√	√	√	√	7	不合格 □　合格 ☑	达标 ☑　不达标 □
测评员：										测评时间：　　　年　月　日										

表4-2　三级测评达标记录表

序号	姓名	测评员			测评结果	备注
		测评员1	测评员2	测评员3		
1	×× ×	达标 ☑ 不达标 □	达标 ☑ 不达标 □	达标 ☑ 不达标 □	达标 ☑ 不达标 □	
测评组长：			测评时间：　　　年　月　日			

四、三级测评操作视频

三级测评操作视频

第五章

健美操课程学生运动能力四级测评

一、四级达标要求

4.2.4 四级达标要求

4.2.4.1 四级测评内容及要求应符合表 4 的要求。

表 4 四级测评内容及要求

测评内容		观测点	合格要求	
单个技能	俯卧撑	手和手臂	五指张开,指尖向前,卧撑时,肩与肘同高;俯撑时,双臂伸直	4 个观测点都达到合格要求
		身体姿态	肩、颈、背、髋、膝、踝成一直线	
		腿部姿态	双腿伸直,前脚掌着地支撑	
		动作过程	俯撑开始,下降到卧撑再两臂同时推起成俯撑完成 1 次。卧撑时,胸口离地面 10 cm,俯撑推起后,肩、肘、腕成一垂直线	
	直体跳转 180°	起跳	一脚向前迈步,另一脚迅速跟随,双腿并拢经屈膝半蹲后用力蹬地向上方垂直跳起,有腾空	5 个观测点都达到合格要求
		手臂动作	手臂挥摆协调有力、路线清晰流畅	
		空中姿态	直体姿态转体 180°,双腿并拢伸直绷脚尖	
		落地	双腿并拢稳定落地并屈膝缓冲	
		转体度数	空中保持直体姿态转体 180°	
套路(二选一)	1.《全国健美操大众锻炼标准第三套》(四级) 2.学生健美操四级推广套路	熟练性	动作清晰连贯,无间断、无停顿、无漏做动作	主要错误不超过 8 次
		准确性	身体姿态优美正确,动作技术规范,身体面向和空间准确,体现正确的表现形式,包括动作范围、时间、空间、力度等	
		协调性	全身协调运动有弹性,动作轻松流畅有控制	
		艺术表现力	动作优美有活力,自信有感染力,体现出动作与音乐的情绪	
		动作与音乐	动作与音乐节拍吻合、节奏清晰准确	

4.2.4.2 单个技能所有观测点均应达到表 4 规定的合格要求,每名测评员均判定合格为达标。

4.2.4.3 套路中出现偏离正确的动作技术、身体姿态和艺术表现力(5—8 拍),出现动作中断、漏做、停顿、失去节奏、僵硬、附加多余动作(5—8 拍)等主要错误不超过 8 次判定为合格,每名测评员均判定合格为达标。

解 读

健美操课程学生能力四级测评包含单个技能测评和套路动作测评两部分，单个技能分别是俯卧撑和直体跳转180°，套路动作可在《全国健美操大众锻炼标准第三套》（四级）规定动作和学生健美操四级推广套路中任选一套，具体内容和要求如下。

1 单个技能

（1）俯卧撑

受测者身体直立，两臂侧下举；双腿伸直、前脚掌着地，两手五指张开，指尖向前，成俯撑，当下降到卧撑后双臂再同时推起成俯撑完成1次，卧撑时肩与肘同高，胸口离地面不超过10 cm，俯撑推起后双臂伸直，肩、肘、腕成一垂直线。（图5-1）

| 预备 | 卧撑 | 俯撑 | 站立结束 |

图 5-1　俯卧撑

（2）直体跳转180°

受测者身体直立，双腿并拢；动作开始时，一脚向前迈步，另一脚迅速跟随，双腿并拢经屈膝半蹲后用力蹬地向上方垂直起跳腾空，手臂由上向下协调挥摆至胸前交叉，身体在空中保持直体姿态转体180°并绷脚尖，双腿并拢稳定落地并经屈膝缓冲后还原成直立。

| 1 | 2 | 3 | 4 | 5 | 6 | 7 |

图 5-2 直体跳转 180°

② 套路

受测者可在《全国健美操大众锻炼标准第三套》（四级）和学生健美操四级推广套路中任选一套，《全国健美操大众锻炼标准第三套》（四级）动作说明参见中国健美操协会审定版本。学生健美操四级推广套路动作说明参见《健美操课程学生运动能力测评规范》附录 E。四级套路有五个组合，每个组合 4 个八拍，其中一个组合为第二舞蹈风格，成套动作时间 1min/24 s，音乐节拍为 24 拍 /10 s。（图 5-3 至图 5-24）

学生健美操四级推广套路

| 第一个八拍　预备 | 1-4 | 5-6 | 7-8 |

| 第二个八拍　1-2 | 3-4 | 5-6 | 7-8 |

图 5-3 开始动作

图 5-4　组合一第一个八拍

图 5-5　组合一第二个八拍

图 5-6　组合一第三个八拍

图 5-7　组合一第四个八拍

图 5-8　组合二第一个八拍

5　　　　　　　　6　　　　　　　　7　　　　　　　　8

图 5-8　组合二第一个八拍（续）

1　　　　　　　　2　　　　　　　　3　　　　　　　　4

5　　　　　　　　6　　　　　　　　7　　　　　　　　8

图 5-9　组合二第二个八拍

1　　　　　　　　2　　　　　　　　3　　　　　　　　4

图 5-10　组合二第三个八拍

5   6   7   8

图 5-10   组合二第三个八拍（续）

1   2   3   4

5   6   7   8

图 5-11   组合二第四个八拍

哒   1   哒   2   3

图 5-12   组合三第一个八拍

4　　　　　5　　　　　　6　　　　　　7　　　　　　8

图 5-12　组合三第一个八拍（续）

哒　　　　　1　　　　　　哒　　　　　　2　　　　　　3

4　　　　　5　　　　　　6　　　　　　7　　　　　　8

图 5-13　组合三第二个八拍

1　　　　　　2　　　　　　3　　　　　　4

图 5-14　组合三第三个八拍

5 6 7 8

图 5-14 组合三第三个八拍（续）

1 2 3 4

5 6 7 8

图 5-15 组合三第四个八拍

1 2 3 4 5 6 7 8

图 5-16 组合四第一个八拍

| 1 | 2 | 3 | 4 | 5 | 6 | 7 | 8 |

图 5-17 组合四第二个八拍

| 1 | 哒 | 2 | 3 | 哒 |

| 4 | 5 | 6 | 7 | 8 |

图 5-18 组合四第三个八拍

| 1 | 2 | 3 | 4 |

图 5-19 组合四第四个八拍

5 6 7 8

图 5-19 组合四第四个八拍（续）

1 2 3 4

5 6 7 8

图 5-20 组合五第一个八拍

1 2 3 4

图 5-21 组合五第二个八拍

5　　　　　6　　　　　7　　　　　8

图 5-21　组合五第二个八拍（续）

1　　　　　2　　　　　3　　　　　4

5　　　　　6　　　　　7　　　　　8

图 5-22　组合五第三个八拍

1　　　　　2　　　　　3　　　　　4

图 5-23　组合五第四个八拍

图 5-23 组合五第四个八拍（续）

图 5-24 结束动作

二、四级测评方法

5.6.1 单个技能——俯卧撑

受测者测试步骤如下：

a) 受测者在准备区候场，经测评员同意后进入测试区，举手示意进入测试状态；

b) 听到测评员指令后，侧对测评员完成一次俯卧撑动作；

c) 测试结束后致谢退场。

每名受测者 1 次测试机会。

5.6.2 单个技能——直体跳转 180°

受测者测试步骤如下：

a) 受测者在准备区候场，经测评员同意后进入测试区，举手示意进入测试状态；

b) 听到测评员指令后，面对测评员站立姿势开始，完成直体跳转 180°动作；

c) 测试结束后致谢退场。

每名受测者 1 次测试机会。

5.6.3 四级套路

受测者可在《全国健美操大众锻炼标准第三套》（四级）和学生健美操四级推广套路中任选一套。

受测者测试步骤如下：

a) 受测者在准备区候场，经测评员同意后进入测试区，举手示意进入测试状态；

b) 听到测评员指令后，跟随音乐完成四级套路动作；

c) 选择《全国健美操大众锻炼标准第三套》（四级）应符合全国健美操大众锻炼标准第三套四级的规定；

d) 选择学生健美操四级推广套路应符合附录 E 的规定；

e) 测试结束后致谢退场。

每名受测者 1 次测试机会。

解 读

（一）按照先测评单个技能再测评套路的顺序进行，即先测评俯卧撑、直体跳转 180°，再测评四级套路。

（二）根据受测者人数和场地条件分组测评，每组受测者 3 ~ 6 人。

（三）测评员可根据实际受测者人数，对 1 人或者多人同时进行测评，每名测评员最多同时测评 6 人。

（四）每名测评员应依据观测点的合格要求进行独立测评，在套路动作测评中对出现 1 ~ 4 拍以内的错误动作（中断、漏做、停顿、失去节奏、僵硬、附加多余动作等）不计入主要错误次数。

（五）对受测者在完成套路动作中同时出现的不同错误计为 1 次，如动作中断 6 拍同时存在漏做和失去节奏 6 拍，此时只计为 1 次主要错误。

三、四级测评工具

四级测评工具如表 5-1 至表 5-2 所示。

表 5-1　四级测评记录表

序号	姓名	单个技能												套路动作			达标情况
		俯卧撑观测点				合格情况	直体跳转180°观测点					合格情况	熟练性、准确性、协调性、艺术表现力、动作与音乐	累计错误次数	合格情况	
		手和手臂	身体姿态	腿部姿态	动作过程		起跳	手臂动作	空中姿态	落地	转体度数		5～8拍以上错误			
1	×××	√	√	√	√	不合格□ 合格☑	√	√	√	√	√	不合格□ 合格☑	√√√√√√√	7	不合格☑ 合格□	不达标□ 达标☑
测评员：								测评时间：　　年　　月　　日								

表 5-2　四级测评达标记录表

序号	姓名	测评员			测评结果	备注
		测评员1	测评员2	测评员3		
1	×××	达标☑ 不达标□	达标☑ 不达标□	达标☑ 不达标□	达标☑ 不达标□	
测评组长：				测评时间：　　年　　月　　日		

四、四级测评操作视频

四级测评操作视频

第六章

健美操课程学生运动能力五级测评

一、五级达标要求

4.2.5 五级达标要求

4.2.5.1 五级测评内容及要求应符合表5的要求。

表5 五级测评内容及要求

测评内容		观测点	合格要求	
单个技能	燕式平衡	开始姿势	两臂侧下举站立	4个观测点都达到合格要求
		身体姿态	上体挺胸抬头向前倾与地面平行,两臂侧平举	
		腿部动作	自由腿伸直绷脚尖逐渐后举抬起至水平以上	
		动作过程	保持身体和腿部姿态,单腿垂直地面稳定支撑站立2 s后,自由腿落地并于支撑腿成直立	
	团身跳	起跳	一脚向前迈步,另一脚迅速跟随,双腿并拢经屈膝半蹲后用力蹬地向上垂直起跳,有腾空	4个观测点都达到合格要求
		手臂动作	手臂摆动协调有力、路线清晰流畅	
		空中姿态	双腿并拢弯曲抬起贴近胸部,膝关节在水平面以上	
		落地	前脚掌过渡到全脚稳定落地、屈膝缓冲	
套路(个人套路和集体套路任选其一)	个人套路(二选一)	1.《全国健美操大众锻炼标准第三套》(五级) 2.学生健美操五级推广套路	熟练性	动作熟练连贯流畅,无间断、无漏做、无顿顿	主要错误不超过6次
			准确性	身体姿态优美正确,面向空间准确,体现正确的表现形式,动作范围大且有力度、运动轨迹清晰流畅	
			协调性	全身协调运动有弹性、动作有控制,无附加多余动作	
			艺术表现力	动作完成优美大方有活力,自信有感染力,体现动作的风格和内在激情	
			动作与音乐	动作与音乐节拍吻合,节奏清晰准确,体现音乐的情感	
	集体套路(二选一)	1.《全国健美操大众锻炼标准第三套》(五级) 2.学生健美操五级推广套路	熟练性	动作熟练连贯流畅,无间断、无漏做、无停顿	主要错误不超过10次
			准确性	身体姿态优美正确,面向空间准确,体现正确的表现形式,动作范围大且有力度、运动轨迹清晰流畅	
			协调性	全身协调运动有弹性,动作有控制,无附加多余动作	
			开始和结束动作	开始后和结束前应各有最多4个8拍的自编动作,创编新颖,连接自然流畅	
			场地空间与队形	清晰流畅的队形变化不少于6次,场地空间运用合理	
			一致性	全体受测者在完成动作、空间变化、表现力等方面协调一致	

续表

测评内容			观测点	合格要求
			艺术表现力	动作完成优美大方有活力,自信有感染力,体现动作的风格和内在激情,团队合作默契
			动作与音乐	动作与音乐节拍吻合,节奏清晰准确,体现音乐的情感

4.2.5.2 单个技能所有观测点均应达到表 5 规定的合格要求,每名测评员均判定合格为达标。

4.2.5.3 套路中出现偏离正确的动作技术、身体姿态和艺术表现力(5—8 拍),出现动作中断、漏做、停顿、失去节奏、僵硬、附加多余动作(5—8 拍)等主要错误不超过 6 次判定为合格,集体套路中主要错误不超过 10 次判定为合格,每名测评员均判定合格为达标。

解 读

健美操课程学生能力五级测评包含单个技能测评和套路测评两部分,单个技能分别是燕式平衡和团身跳,套路可在《全国健美操大众锻炼标准第三套》(五级)规定动作和学生健美操五级推广套路中任选一套,具体内容和要求如下。

1 单个技能

(1)燕式平衡

受测者身体直立,两臂侧下举;挺胸抬头,上体前俯与地面平行,两臂侧平举,自由腿伸直绷脚尖,后举起至水平面以上,保持身体和腿部姿势,主力腿垂直地面站立 2s,还原成直立。(图 6-1)

| 预备 | 1-2 | 3-8 | 站立结束 |

图 6-1 燕式平衡

(2)团身跳

受测者身体直立,两臂侧下举;一脚向前迈步,另一脚迅速跟随,双腿并拢经屈膝半蹲后用力蹬地垂直起跳，注意起跳要有腾空，手臂摆动协调有力、路线清晰流畅，双腿并拢屈膝成团身姿态，膝关节在水平面以上，落地时由前脚掌过渡到全脚稳定落地，屈膝缓冲。（图 6-2）

预备   1   2   3

4   5   6

图 6-2　团身跳

❷ 套路

五级套路设个人套路和集体套路，受测者任选一项进行测评。个人套路和集体套路都可在《全国健美操大众锻炼标准第三套》（五级）和学生健美操五级推广套路中任选一套。集体套路由 6 ~ 8 人组成，创编要求尊重原创，成套动作顺序不得调换；成套动作音乐开始后的 4 个八拍和结束前的 4 个八拍应进行创编，创编内容可根据受测者情况出现难度动作、过渡动作、连接动作、配合动作和同伴协作动作；队形变化不少于 6 次；创编内容应与套路动作风格相适宜。

《全国健美操大众锻炼标准第三套》（五级）动作说明参见中国健美操协会审定版本。学生健美操五级推广套路动作说明参见《健美操课程学生运动能力测评规范》附录 F。五级套路有五个组合，每个组合 4 个八拍，其中一个组合为第二舞蹈风格，成套动作时间 1min/20 s，音乐节拍为 25 拍 /10 s。（图 6-3 至图 6-23）

学生健美操五级推广套路

| 预备 | 1-2 | 3 | 4 | 5 | 6 | 7 | 8 |

图 6-3　开始动作

| 1 | 2 | 3 | 4 |

| 5 | 6 | 7 | 8 |

图 6-4　组合一第一个八拍

| 1 | 2 | 3 | 4 | 5 | 6 | 7 | 8 |

图 6-5　组合一第二个八拍

1　　2　　3　　4

5　　6　　7　　8

图 6-6　组合一第三个八拍

1　　2　　3　　4

5　　6　　7　　8

图 6-7　组合一第四个八拍

| 1 | 2 | 3 | 4 | 5 | 6 | 7 | 8 |

图 6-8　组合二第一个八拍

| 1 | 2 | 3 | 4 |

| 5 | 6 | 7 | 8 |

图 6-9　组合二第二个八拍

| 1 | 2 | 3 | 4 |

图 6-10　组合二第三个八拍

5　　　　　　　　6　　　　　　　　7　　　　　　　　8

图 6-10　组合二第三个八拍（续）

1　　　　　　　　2　　　　　　　　3　　　　　　　　4

5　　　　　　　　6　　　　　　　　7　　　　　　　　8

图 6-11　组合二第四个八拍

1-4 哒　　　　1　　　　　2　　　　　3　　　　　4

图 6-12　组合三第一个八拍

5　　　　　　　6　　　　　　　7　　　　　　　8

图 6-12　组合三第一个八拍（续）

1　　　　2　　　　3　　　　4　　　　5　　　　6　　　　7　　　　8

图 6-13　组合三第二个八拍

1　　　　2　　　　3　　　　4　　　　5　　　　6　　　　7　　　　8

图 6-14　组合三第三个八拍

1　　　　2　　　　3　　　　4　　　　5　　　　6　　　　7　　　　8

图 6-15　组合三第四个八拍

1   2   3   4

5   6   7   哒   8

图 6-16 组合四第一个八拍

1   2   3   4   5   6   7   8

图 6-17 组合四第二个八拍

1   哒   2   3   4

图 6-18 组合四第三个八拍

5	6	7	8

图 6-18　组合四第三个八拍（续）

1	2	3	4

5	哒	6	7	8

图 6-19　组合四第四个八拍

1	2	3	4

图 6-20　组合五第一个八拍

图 6-20　组合五第一个八拍（续）

图 6-21　组合五第二个八拍

图 6-22　组合五第三个八拍

5   6   7   8

图 6-22   组合五第三个八拍（续）

1   2   3   4

5   6   7   8

图 6-23   组合五第四个八拍

二、五级测评方法

5.7.1   单个技能——燕式平衡

受测者测试步骤如下：

a）   受测者在准备区候场，经测评员同意后进入测试区，举手示意进入测试状态；

b）   听到测评员指令后，侧对测评员完成一次燕式平衡；

c）   测试结束后致谢退场。

每名受测者 1 次测试机会。

5.7.2 单个技能——团身跳

受测者测试步骤如下：

a) 受测者在准备区候场，经测评员同意后进入测试区，举手示意进入测试状态；

b) 听到测评员指令后，侧对测评员完成一次团身跳动作；

c) 测试结束后致谢退场。

每名受测者1次测试机会。

5.7.3 五级套路

五级套路设个人套路和集体套路，受测者任选一项，可在《全国健美操大众锻炼标准第三套》(五级)和学生健美操五级推广套路中任选一套，其中集体套路创编要求尊重原创，成套动作顺序不应调换；成套动作开始后和结束前应各自进行创编最多4个8拍动作；可根据受测者情况出现难度动作、过渡动作、连接动作、配合动作和同伴协作动作；队形变化不少于6次；创编内容应与套路动作风格相适宜。

5.7.4 个人套路

受测者测试步骤如下：

a) 受测者在准备区候场，经测评员同意后进入测试区，举手示意进入测试状态；

b) 听到测评员指令后，跟随音乐完成五级个人套路动作；

c) 选择《全国健美操大众锻炼标准第三套》(五级)应符合全国健美操大众锻炼标准第三套五级的规定；

d) 选择学生健美操五级推广套路应符合附录F的规定；

e) 测试结束后致谢退场。

每名受测者1次测试机会。

5.7.5 集体套路

受测者测试步骤如下：

a) 受测者由6人～8人组成，在准备区候场，经测评员同意后进入测试区，举手示意进入测试状态；

b) 听到测评员指令后，跟随音乐完成五级集体套路动作；

c) 选择《全国健美操大众锻炼标准第三套》(五级)除创编内容以外应符合全国健美操大众锻炼标准第三套五级的规定；

d) 选择学生健美操五级推广套路除创编内容以外应符合附录F的规定；

e) 测试结束后致谢退场。

每名受测者1次测试机会。

解 读

（一）按照先测评单个技能再测评套路的顺序进行，即先测评燕式平衡和团身跳，再测评五级套路。

（二）单个技能测评可以根据受测者人数连续进行或者分开进行，每组最多3人。

（三）套路动作先测评个人套路再测评集体套路。

（四）单个技能测评时，每名测评员最多同时测评 3 人。

（五）个人套路动作测评时，每名测评员同时对 1～3 名受测者进行测评。

（六）集体套路测评时，3 名测评员同时对 1 组受测者进行测评，以出现错误次数最多的受测者作为最终测评结果。

（七）套路动作测评中若 3 名测评员关于错误动作次数的测评结果出现不一致，则取其平均值作为是否合格的依据。

（八）每名测评员应依据观测点的合格要求进行独立测评，在套路动作测评中对出现 1～4 拍以内的错误动作（中断、漏做、停顿、失去节奏、僵硬、附加多余动作、一致性等）不计入主要错误次数。

（九）对受测者在完成套路动作中同时出现的不同错误计为 1 次，如动作中断 6 拍同时会存在漏做和失去节奏等 6 拍，此时只计为 1 次主要错误。

三、五级测评工具

五级测评工具如表 6-1 至表 6-4 所示。

表 6-1　五级测评记录表 1（个人套路）

序号	姓名	单个技能										个人套路动作					累计错误次数	合格情况	达标情况
		燕式平衡观测点				合格情况	团身跳观测点				合格情况	熟练性、准确性、协调性、艺术表现力、动作与音乐							
		开始姿势	身体姿态	腿部动作	动作过程		起跳	手臂动作	空中姿态	落地		5～8 拍以上错误							
1	×××	√	√	√	√	不合格 □ 合格 ☑	√	√	√	√	不合格 □ 合格 ☑	√	√	√	√	√	5	不合格 □ 合格 ☑	不达标 □ 达标 ☑
测评员：											测评时间：　　年　　月　　日							

表 6-2　五级测评记录表 2（集体套路）

序号	姓名	单个技能										集体套路动作									
		燕式平衡观测点				合格情况	团身跳观测点				合格情况	熟练性、准确性、协调性、开始和结束动作、场地空间与队形、一致性、艺术表现力、动作与音乐							累计错误次数	合格情况	达标情况
		开始姿势	身体姿态	腿部动作	动作过程		起跳	手臂动作	空中姿态	落地		5～8 拍以上错误									
1	组员1	√	√	√	√	不合格□ 合格☑	√	√	√	√	不合格□ 合格☑	√	√	√					3	不合格□ 合格☑	
2	组员2	√	√	√	√	不合格□ 合格☑	√	√	√	√	不合格□ 合格☑	√	√	√	√				4	不合格□ 合格☑	
3	组员3	√	√	√	√	不合格□ 合格☑	√	√	√	√	不合格□ 合格☑	√	√	√					3	不合格□ 合格☑	
4	组员4	√	√	√	√	不合格□ 合格☑	√	√	√	√	不合格□ 合格☑	√	√	√	√				4	不合格□ 合格☑	不达标☑
5	组员5	√	√	√	√	不合格□ 合格☑	√	√	√	√	不合格□ 合格☑	√	√	√	√				5	不合格□ 合格☑	
6	组员6	√	√	√	√	不合格□ 合格☑	√	√	√	√	不合格□ 合格☑	√	√	√	√				5	不合格□ 合格☑	
7	组员7	√	√	√	√	不合格□ 合格☑	√	√	√	√	不合格□ 合格☑	√	√	√	√				4	不合格□ 合格☑	
8	组员8	√	√	√	√	不合格□ 合格☑	√	√	√	√	不合格□ 合格☑	√	√	√					3	不合格□ 合格☑	
测评员：							测评时间：　　年　　月　　日														

表 6-3　五级测评达标记录表 1（个人套路）

序号	姓名	测评员			测评结果	备注
		测评员1	测评员2	测评员3		
1	×××	达标☑ 不达标□	达标☑ 不达标□	达标☑ 不达标□	达标☑ 不达标□	

续表

序号	姓名	测评员			测评结果	备注
		测评员 1	测评员 2	测评员 3		
测评组长:				测评时间: 年 月 日		

表 6-4　五级测评达标记录表 2（集体套路）

序号	姓名	测评员			测评结果	备注
		测评员 1	测评员 2	测评员 3		
1	×××	达标 ☑ 不达标 □	达标 ☑ 不达标 □	达标 ☑ 不达标 □	达标 ☑ 不达标 □	集体套路取平均值
测评组长:				测评时间: 年 月 日		

四、五级测评操作视频

五级测评操作视频

第七章

健美操课程学生运动能力六级测评

一、六级达标要求

4.2.6　六级达标要求

4.2.6.1　六级测评内容及要求应符合表 6 的要求。

表 6　六级测评内容及要求

测评内容			观测点	合格要求	
单个技能	单足转体 180°		开始姿势	并腿直立开始	5 个观测点都达到合格要求
			腿部姿态	一脚向前迈步成支撑腿，直腿立踵转体，自由腿吸腿绷脚尖，转体结束后自由腿落地并于支撑腿成直立	
			手臂动作	手臂与身体协调用力，路线清晰流畅	
			身体姿态	以支撑腿为轴保持身体直立姿态	
			转体过程	向支撑腿方向完整转体 180°	
	直体跳转 360°		起跳	一脚迈步，另一脚跟随，双腿并拢经屈膝半蹲后用力蹬地向后上方起跳，有腾空	5 个观测点都达到合格要求
			手臂动作	手臂挥摆协调有力，路线清晰流畅	
			空中姿态	直体姿态转体 360°，双腿伸直并拢绷脚尖	
			落地	前脚掌过渡到全脚落地、屈膝缓冲，双腿并拢稳定落地	
			转体度数	空中保持直体姿态完整转体 360°	
套路（个人套路和集体套路任选其一）	个人套路（二选一）	1.《全国健美操大众锻炼标准第三套》（六级）2. 学生健美操六级推广套路	熟练性	动作熟练连贯流畅，无间断、无漏做、无停顿	主要错误不超过 6 次
			准确性	身体姿态优美正确，面向空间准确，体现正确的表现形式，动作范围大、有力度、运动轨迹清晰流畅	
			协调性	全身协调运动有弹性，动作有控制，无附加多余动作	
			艺术表现力	动作完成优美大方有活力，自信有感染力，体现动作的风格和内在激情	
			动作与音乐	动作与音乐节拍吻合，节奏清晰准确，体现音乐的情感	

续表

测评内容		观测点	合格要求	
套路（个人套路和集体套路任选其一）	集体套路（二选一）	熟练性	动作熟练连贯流畅，无间断、无漏做、无停顿	主要错误不超过10次
	1.《全国健美操大众锻炼标准第三套》（六级）2.学生健美操六级推广套路	准确性	身体姿态优美正确，面向空间准确，体现正确的表现形式，动作范围大且有力度，运动轨迹清晰流畅	
		协调性	全身协调运动有弹性，动作有控制，无附加多余动作	
		开始和结束动作	开始后和结束前应各有最多4个8拍的自编动作，创编新颖，连接自然流畅	
		场地空间与队形	清晰流畅的队形变化不少于6次，场地空间运用合理	
		一致性	全体受测者在完成动作、空间变化、表现力等方面协调一致	
		艺术表现力	动作完成优美大方有活力，自信有感染力，体现动作的风格和内在激情，团队合作默契	
		动作与音乐	动作与音乐节拍吻合，节奏清晰准确，体现音乐的情感	

4.2.6.2 单个技能所有观测点均应达到表5规定的合格要求，每名测评员均判定合格为达标。

4.2.6.3 套路中出现偏离正确的动作技术、身体姿态和艺术表现力（5—8拍），出现动作中断、漏做、停顿、失去节奏、僵硬、附加多余动作（5—8拍）等主要错误不超过6次判定为合格。集体套路中主要错误不超过10次判定为合格，每名测评员均判定合格为达标。

解 读

健美操课程学生能力六级测评包含单个技能测评和套路测评两部分，单个技能分别是单足转体180°和直体跳转360°，套路可在《全国健美操大众锻炼标准第三套》（六级）规定动作和学生健美操六级推广套路中任选一套，具体内容和要求如下。

1 单个技能

（1）单足转体180°

受测者身体直立，两臂放于身体两侧；左脚向前迈步点地，重心位于右支撑腿，右腿蹬地，使重心快速前移至左脚前脚掌支撑，右腿上抬至大腿平行于地面，小腿收紧，绷右脚尖贴于左大腿内侧，左臂前平举、右臂侧平举，蹬地同时手臂带动身体向左转动180°，转动过程双臂屈臂贴紧胸腔，小臂胸前交叉，双手握拳，动作完成时，双膝微曲缓冲，双臂斜下举，随后身体直立，两臂还原回身体两侧。

（图7-1）

图 7-1 单足转体 180°

（2）直体跳转 360°（以逆时针转体为例）

受测者身体直立，两臂放于身体两侧；左脚向前迈步预跳，随后双膝微屈，双脚落地同时向上垂直起跳，身体充分伸展，左臂上举，右臂侧平举，预跳时双臂向下摆动蓄力，垂直起跳时，双臂发力由下向上摆动至胸前，小臂胸前交叉，双手握拳，直体姿态转体 360°，动作完成时，双膝微屈落地缓冲，双臂斜下举，随后身体直立，两臂还原回身体两侧。（图 7-2）

图 7-2 直体跳转 360°

② 套路

六级套路设个人套路和集体套路，受测者任选一项进行测评。个人套路和集体套路都可在《全国健美操大众锻炼标准第三套》（六级）和学生健美操六级推广套路中任选一套。集体套路由 6～8 人组成，创编要求尊重原创，成套动作顺序不得调换；成套动作音乐开始后的 4 个八拍和结束前的 4 个八拍应进行创编，创编内容可根据受测者情况出现难度动作、过渡动作、连接动作、配合动作和同伴协作动作；队形变化不少于 6 次；创编内容应与套路动作风格相适宜。

　　《全国健美操大众锻炼标准第三套》（六级）动作说明参见中国健美操协会审定版本。学生健美操六级推广套路动作说明参见《健美操课程学生运动能力测评规范》附录 G。六级套路有五个组合，每个组合 4 个八拍，其中一个组合为第二舞蹈风格，成套动作时间 1min/30 s，音乐节拍为 25 拍 /10 s。（图 7-3 至图 7-24）

学生健美操六级推广套路

第一个八拍 1-8　　　　　　　第二个八拍 1　　　　　　　　　　2

3　　　　　　　　　　4　　　　　　　　　　5

6　　　　　　　　　　7　　　　　　　　　　8

图 7-3　开始动作

1　　　　　哒　　　　　2　　　　　3

4　　　　　5　　　　　6　　　　　7　　　　　8

图 7-4　组合一第一个八拍

1　　2　　3　　4　　5　　哒　6　　7　　8

图 7-5　组合一第二个八拍

1　　2　　3　　哒　4　　5　　6　　7-8

图 7-6　组合一第三个八拍

| 1 | 2 | 3 | 4 | 5 | 6 | 7 | 8 |

图 7-7　组合一第四个八拍

| 1 | 2 | 3 | 哒 |

| 4 | 5 | 6 | 7-8 |

图 7-8　组合二第一个八拍

| 1 | 2 | 3 | 4 |

图 7-9　组合二第二个八拍

5　　　　　　　　6　　　　　　　　7　　　　　　　　8

图 7-9　组合二第二个八拍（续）

1　　　　　　　　2　　　　　　　　3　　　　　　　　4

5　　　　　　　　6　　　　　　　　7　　　　　　　　8

图 7-10　组合二第三个八拍

1　　　　　　　哒　　　　　　　　2　　　　　　　　3

图 7-11　组合二第四个八拍

4　　　　　　　5　　　　　　　6　　　　　　　7　　　　　　　8

图 7-11　组合二第四个八拍（续）

1　　　　　　　2　　　　　　　3　　　　　　　4

图 7-12　过渡动作

1　　　　　　　2　　　　　　　3　　　　　　　4

5　　　　　　　6　　　　　　　7　　　　　　哒　　　　　　8

图 7-13　组合三第一个八拍

哒 　　 1 　　 哒 　　 2 　　 3 　　 4

5 　　 6 　　 7 　　 哒 　　 8

图 7-14　组合三第二个八拍

哒 　　 1 　　 哒 　　 2 　　 3 　　 哒 　　 4 　　 5

哒 　　 6 　　 7 　　 哒 　　 8

图 7-15　组合三第三个八拍

图 7-16 组合三第四个八拍

图 7-17 组合四第一个八拍

1 哒 2 3

4 5 6 7 8

图 7-18 组合四第二个八拍

1 2 3 4

5 6 7 8

图 7-19 组合四第三个八拍

图 7-20 组合四第四个八拍

图 7-21 组合五第一个八拍

1 2 3 4

5 6 7 8

图 7-22 组合五第二个八拍

1 2 3 4 5-6

7 哒 8

图 7-23 组合五第三个八拍

图 7-24　组合五第四个八拍

二、六级测评方法

5.8.1　单个技能——单足转体 180°

受测者测试步骤如下：

a）　受测者在准备区候场，经测评员同意后进入测试区，举手示意进入测试状态；

b）　听到测评员指令后，面对测评员站立姿势开始，完成单足转体 180°；

c）　测试结束后致谢退场。

每名受测者 1 次测试机会。

5.8.2　单个技能——直体跳转 360°

受测者测试步骤如下：

a）　受测者在准备区候场，经测评员同意后进入测试区，举手示意进入测试状态；

b）　听到测评员指令后，面对测评员站立姿势开始，完成一次直体跳转 360°；

c）　测试结束后致谢退场。

每名受测者 1 次测试机会。

5.8.3　六级套路

六级套路设个人套路和集体套路，受测者任选一项，可在《全国健美操大众锻炼标准第三套》（六级）

和学生健美操六级推广套路中任选一套,其中集体套路创编要求尊重原创,成套动作顺序不应调换;成套动作开始后和结束前应各自进行创编最多 4 个 8 拍动作;可根据受测者情况出现难度动作、过渡动作、连接动作、配合动作和同伴协作动作;队形变化不少于 6 次;创编内容应与套路动作风格相适宜。

5.8.4　个人套路

受测者测试步骤如下:

a)　受测者在准备区候场,经测评员同意后进入测试区,举手示意进入测试状态;

b)　听到测评员指令后,跟随音乐完成六级个人套路动作;

c)　选择《全国健美操大众锻炼标准第三套》(六级)应符合全国健美操大众锻炼标准第三套六级的规定;

d)　选择学生健美操六级推广套路应符合附录 G 的规定;

e)　测试结束后致谢退场。

每名受测者 1 次测试机会。

5.8.5　集体套路

受测者测试步骤如下:

a)　受测者由 6 人～8 人组成,在准备区候场,经测评员同意后进入测试区,举手示意进入测试状态;

b)　听到测评员指令后,跟随音乐完成六级集体套路动作;

c)　选择《全国健美操大众锻炼标准第三套》(六级)除创编内容以外应符合全国健美操大众锻炼标准第三套六级的规定;

d)　选择学生健美操六级推广套路除创编内容以外应符合附录 G 的规定;

e)　测试结束后致谢退场。

每名受测者 1 次测试机会。

解 读

（一）按照先测评单个技能再测评套路的顺序进行，即先测评单足转体 180° 和直体跳转 360°，再测评六级套路。

（二）单个技能测评可以根据受测者人数连续进行或者分开测，每组最多 3 人。

（三）套路动作测评时，先测评个人套路再测评集体套路。

（四）单个技能测评时，每名测评员最多同时测评 3 人。

（五）个人套路动作测评时，每名测评员同时对 1～3 名受测者进行测评。

（六）集体套路测评时，3 名测评员同时对 1 组受测者进行测评，以出现错误次数最多的受测者作为最终测评结果。

（七）套路动作测评中若 3 名测评员关于错误动作次数的测评结果出现不一致，

则取其平均值作为是否合格的依据。

（八）每名测评员应依据观测点的合格要求进行独立测评，在套路动作测评中对出现 1 ~ 4 拍以内的错误动作（中断、漏做、停顿、失去节奏、僵硬、附加多余动作、一致性等）不计入主要错误次数。

（九）对受测者在完成套路动作中同时出现的不同错误计为 1 次，如动作中断 6 拍同时会存在漏做和失去节奏 6 拍，此时只计为 1 次主要错误。

三、六级测评工具

六级测评工具如表 7-1 至表 7-4 所示。

表 7-1　六级测评记录表 1（个人套路）

序号	姓名	单个技能					合格情况					合格情况	个人套路动作				累计错误次数	合格情况	达标情况
		单足转体180°观测点						直体跳转360°观测点					熟练性、准确性、协调性、艺术表现力、动作与音乐						
		开始姿势	腿部姿态	手臂动作	身体姿态	转体过程		起跳	手臂动作	空中姿态	落地	转体度数	5 ~ 8 拍以上错误						
1	×××	√	√	√	√	√	不合格 □ 合格 ☑	√	√	√	√	√	不合格 □ 合格 ☑	√	√	√	4	不合格 □ 合格 ☑	达标 ☑ 不达标 □
测评员：								测评时间：　　　年　　月　　日										

表 7-2　六级测评记录表 2（集体套路）

序号	姓名	单个技能												集体套路动作			达标情况
		单足转体180°观测点					合格情况	直体跳转360°观测点					合格情况	熟练性、准确性、协调性、开始和结束动作、场地空间与队形、一致性、艺术表现力、动作与音乐	累计错误次数	合格情况	
		开始姿势	腿部姿态	手臂动作	身体姿态	转体过程		起跳	手臂动作	空中姿态	落地	转体度数		5～8拍以上错误			
1	组员1	√	√	√	√	√	不合格 □ 合格 ☑	√	√	√	√	√	不合格 □ 合格 ☑	√ √ √ √	4	不合格 □ 合格 ☑	达标 ☑ 不达标 □
2	组员2	√	√	√	√	√	不合格 □ 合格 ☑	√	√	√	√	√	不合格 □ 合格 ☑	√ √ √ √ √	5	不合格 □ 合格 ☑	
3	组员3	√	√	√	√	√	不合格 □ 合格 ☑	√	√	√	√		不合格 □ 合格 ☑	√ √ √ √	4	不合格 □ 合格 ☑	
4	组员4	√	√	√	√	√	不合格 □ 合格 ☑	√	√	√	√		不合格 □ 合格 ☑	√ √	5	不合格 □ 合格 ☑	
5	组员5	√	√	√	√	√	不合格 □ 合格 ☑	√	√	√	√		不合格 □ 合格 ☑	√	3	不合格 □ 合格 ☑	
6	组员6	√	√	√	√		不合格 □ 合格 ☑	√	√				不合格 □ 合格 ☑	√ √	2	不合格 □ 合格 ☑	
7	组员7	√	√	√	√		不合格 □ 合格 ☑	√	√				不合格 □ 合格 ☑	√ √ √	5	不合格 □ 合格 ☑	
8	组员8	√	√	√	√		不合格 □ 合格 ☑	√	√				不合格 □ 合格 ☑	√ √	4	不合格 □ 合格 ☑	

测评员：　　　　　　　　　　　　　　测评时间：　　　年　　月　　日

表 7-3　六级测评达标记录表 1（个人套路）

序号	姓名	测评员			测评结果	备注
		测评员 1	测评员 2	测评员 3		
1	×××	达标 ☑ 不达标 □	达标 ☑ 不达标 □	达标 ☑ 不达标 □	达标 ☑ 不达标 □	
测评组长：			测评时间：　　年　月　日			

表 7-4　六级测评达标记录表 2（集体套路）

序号	姓名	测评员			测评结果	备注
		测评员 1	测评员 2	测评员 3		
1	×××	达标 ☑ 不达标 □	达标 ☑ 不达标 □	达标 ☑ 不达标 □	达标 ☑ 不达标 □	集体套路 取平均值
测评组长：			测评时间：　　年　月　日			

四、六级测评操作视频

六级测评操作视频